바람 불고, 너 떠난 자리

시와문화 시집 058

바람 불고, 너 떠난 자리

김미란 시집

시와문화

■시인의 말

시는 나의 길을 이끄는 등대이다
그 따뜻한 불빛이
멀리 비치는 길 따라
깊은 밤
어두운 터널에서
고뇌하며

꽃이 피기 전
꽃몽우리에 거름을 주듯이
살포시 살포시
눈부신 세상을 향하여
꿈을 꾸며
내 마음의 통로를 열어간다

2022년 2월 김미란

차 례

■ 시인의 말

1부 빗속의 여인

빗속의 여인 _ 12
나 살아있음을 _ 14
변신 _ 16
나, 가진 게 많아 _ 18
뚜벅뚜벅 _ 20
흔적 _ 22
미련 _ 23
당신의 그리움으로 _ 24
너무 멀리는 가지 마라 _ 25
그대 가슴에 _ 26
아련한 _ 27
길을 걷다가 _ 28
그리움 _ 30
목마름 _ 31
내려놓기 _ 32
눈물 젖는 그대 _ 33
신의 선물 _ 34
그리움이 가슴을 헤치고 _ 36
마음 가는 대로 _ 38

2부 창가에 서서

창가에 서서 _ 40

하늘을 봐 _ 41

내 아버지 _ 42

노을길 _ 44

반쪽의 달님 _ 45

니들은 늙지 마라 _ 46

바람아 _ 47

하늘아 구름아 _ 48

유리창 _ 49

비바람이 흔들고 간 _ 50

세월 그대 _ 51

어머니 1 _ 52

바람에 날리는 것들 _ 54

하늘을 바라본다 _ 55

강물, 그 깊음 속에는 _ 56

바람 부는 날 _ 57

9월의 밤 _ 58

3부 쉰아홉

가을이 깊어 가는 날 _ 60
여름 _ 63
가을 바람 소리 _ 64
가을 _ 65
익어가는 가을 _ 66
가을 냄새 _ 67
나를 부르는 가을 _ 68
가을빛 1 _ 69
가을빛 2 _ 70
겨울비 1 _ 71
겨울비 2 _ 72
그렇게 겨울은 가고 _ 74
눈 내리는 겨울 _ 75
겨울이여 나의 고목이여 _ 76
바람, 아픔 _ 77
그날 밤 _ 78

4부 상사화

봄, 그대인가 _ 89
은행잎 눈 _ 82
한 송이 꽃 _ 83
흰 목련 _ 84
꽃잎 따서 _ 85
이름 모를 _ 86
그대 꽃이여 _ 87
흩어지는 나뭇잎 _ 88
바람꽃 _ 89
한 마리의 새가 되어 _ 90
인생 그리고 나무 _ 91
상사화 _ 92
노을 _ 93
야래향 _ 94

5부 바람 부는 소리

어느 오월 _ 96
따스한 봄빛이 _ 98
봄빛 사랑 _ 99
오월의 내 친구 _ 100
하얀 천사 _ 101
칼바람이 불어오는 날 _ 102
인생은 화가 _ 103
봄 햇살 _ 104
바람 부는 소리 _ 105
그렇게 그렇게 _ 106
삼월의 봄바람 _ 107
6월의 바람 _ 108
누군가에게는 오늘이 _ 109
담장 넝쿨 사이로 _ 110
세월 앞에 _ 111

■**해설** 단절 너머 정점을 향해가는 상상의 힘/ 주선미 _ 112

1부

빗속의 여인

빗속의 여인

나뭇잎으로 비가 떨어진다

비 사이로 불어오는
촉촉한 바람 또 바람
마주치는 시선이 지나간다

메마른 대지에 흐르는 빗방울이
스며든다
일어서는 연습을 하는 대지
감추어진 내면에
일 점 획을 긋는다

메말라가는 콘크리트 도시
눈물 젖은 대답

이제부터 시작이라고
떠나는 그대
버릴 수 있는 것
잊을 수 있다는 것

그대의 등,
빗속으로 가고 있다

나 살아있음을

추운 겨울
찬바람이 부는 날에도

외로움이 슬픔으로
다가오는 날에도

상록수처럼
내 안에 늘 살아 움직이는 당신

내가 살아가야 할 이유

세월이 다니는 길목마다
메마른 숲에 새들 노래하고

마음이 아플 때도 가끔
내 속에 살아 움직이는 당신

동백꽃으로,
하얀 눈으로 피어나고
때로는

겨울바람 속에도
나 살아 있음을

변신

화려한 옷을 입어도
눈을 화사하게
입술을 생생하게
볼을 발그레하게 색깔을 입혀도
나이는 숨길 수 없나 보다

주름을 가리기 위해
변신을 하기로 했다

완전한 변신은 무죄
쫓기듯 달리듯 얼굴에
마술을 부리고
이리저리 쏘다녀보지만
아무도 돌아보지 않는다

어둠이 내린 길
나를 내려놓고
내 인생의 욕심을 벗는다

청춘은 핑크빛이었고

철부지의 욕심 속
내 삶이 장난을 쳤다고 생각하기로 했다

내 얼굴에도
내 손에도
훈장처럼 새겨진 주름
절대로 오지 않을 청춘,

나, 가진 게 많아

내 속에 지닌 것이 너무 많아
무거워진 마음을 질질 끌고
내려놓는다는 게 너무나 힘들다

움켜쥘수록
벽에 부딪치고
온몸은 피투성이
욕심을 끌어안은 채 그냥
이만큼이면 되었겠지

혼자 생각하고
난 가진 게 없는데
중얼거리다
그만 넘어졌다

다 내려놓고 빈손인 줄 알았다
내 손에 든 게 아직도 많다니
어서 내려놔라

빈손으로 왔다가

빈손으로 가는 게 인생인 것을
모두 것을 내려놓았다
비로소 행복이 보였다

뚜벅뚜벅

걸어갑니다
올라갑니다
뚜벅뚜벅
이마에 흐르는 구슬땀
송글송글 흐르고

걸어온 세월만큼
아픔이 크기에
내 목표를 향하여
아프고 또 아파도
그냥 갑니다

불필요한 것들이 나를 휘감고
지나온 세월, 후회스럽기도 하지만
높고 높은 정상을 향하여
날마다 날마다 기도합니다

뚜벅뚜벅 걸어가는 발걸음 사이로
나무와 풀과 잡초들 사이로
내 안에 있는 독소들이

구슬이 되어 흘러내립니다

날마다 저 높은 곳에
목표가 있어 불 밝힙니다
높고 높은 산에 올라
바람으로 살고 싶습니다

흔적

불타오르는 열정
그댈 향한 사랑 하나
아프게 타오른다
어느 사이
멈추어 섰나 싶었더니
멍울이 되어
앙금처럼 가라앉았습니다
따스한 그대
그대 숨, 그립습니다
그대 장미의 가시에 찔려도
그대 마음에 발자국으로 남고 싶습니다
희미한
사랑의 흔적으로

미련

놓아야 한다
이 미련을
간신히 잡고 있는 끈을
놓아야 한다

버려야 한다
이 고집을
진작 버렸더라면,

참아야 한다
늘 각오하고 다짐했던 약속들
붙잡고 싶지만
참아야 한다

지긋지긋한 다짐
내 마음을 놓기로 했다
백지로 만들기로 했다

당신의 그리움으로

봄이 손짓하자
시어머님이 고이 주무신다

두 손 모아 당신을 향한
그리움을 그립니다

그리움이 아픔처럼 다가옵니다
아름다운 영혼
당신을 노래합니다

설날 때때옷 입고
손발 동동 구르며
세배하던 날
그날이 그립습니다

따스한 봄날처럼 다가온
어머님
그리움, 아픔으로 남았습니다

너무 멀리는 가지 마라

풀잎 이슬 아롱진 그대
희미한 쪽빛 사이로 멀어진
그대를 사랑하네

멀리서도 느껴지는 그대 향기
사랑 반 그리움 반 얼룩진
그림자

서러운 그대 그림자여
너무 멀리 달아나지 마라

무지개 언덕 너머로
내가 찾아갈 때까지
내 사랑 너무 멀리 가지 마라

그대 가슴에

타는 목마름에
물 한 모금 물고
가슴을 쓸어내린다

창밖으로 들리는
빗방울 소리
왜 이리 슬픈지 그대는 아는가

여름은 그렇게
왜 하염없이 지는가 그대는 아는가

이 비, 그대 가슴에도 내리는가

아련한

지평선 너머로
어머니의 사랑이 밀려온다
서글픈 유년의 뜰
어머니 따뜻한 품
안개비처럼 가슴을 적신다
가슴속에 스민 사랑
그 사랑 그리워 목놓아
울어 본다
유년의 뜰
기억을 더듬어 그림을 그린다
엄마 찾아 삼만리를 읽으며
그 아련한 추억에 젖어 본다

길을 걷다가

길을 걷는데
어디선가 흘러나오는 노래
그 노래를 듣다가
한참을 멍하니 서 있었다

그 노래 속에는
상처로 얼룩진 내가
들어 있었다

상처를 남긴 너에게
생각의 발길 한 발짝 옮긴다

회색 구름 사이로
훨훨 날아가는 새 한 마리
아픈 노래 들었나 보다
사랑 찾아 날아가고 있다

온통 세상이
잿빛으로 변해간다
그 어둠에 묻혀 있는 나도

이 어둠을 벗어나
저 새처럼 날아가고 싶다

마음에 쌓인 것들
훌훌 털어버리고 싶다

그리움

따스한 차 한 잔
가을하늘에 그린다

하얗게 떠다니는 뭉게구름과
그리움을 마신다

흔들리는 코스모스에
내 마음 내려놓을까

가을바람에
그리운 편지를 써 볼까

그리운 산 너머
가을이 자욱하다

목마름

태양 아래
라임나무 서 있는 거리에서
내 마음이 끝내
그대 향함으로
서럽도록 타는 목마름

내려놓기

가슴의 묵직한 짐 보따리를
내려놓기로 하였습니다

대면하는 것마다
두려움이 앞을 막아섭니다
그것들을 벗어버리기 위해
전쟁을 시작하였습니다

만남을 거부하는 내면의 나
흔들리는 나는…

한없이 따스한 그대
가슴을 뒤로하고
우리는 늘 우리지만
혼자일 수밖에 없습니다

무엇이든 내려놓기로 하였습니다

눈물 젖는 그대

꽃잎이 바람에 흩날리고
가슴 저미듯 아픈 사랑은
꽃샘바람처럼 찾아온다

바보처럼 웃음 지어본다
봄바람에 꽃잎,
우수수 지고 나면 그뿐
그대처럼 내게서 멀어져 갈 일

타버린 가슴은 재만 그득하다

모두 떠나버리지
그대는 그대, 나는 나
긴 한숨으로
한 잎 한 잎 비에 젖는다

신의 선물

꽃은
이름이 없어도 예쁘다
신이 우리에게 보내준
아름다운 선물

담장을
걸어도 구름도 나를 따르고
햇살도 따스하게
나를 비춰온다

삶은
나의 하루들이다
아픔도 나의 삶이다
기쁨도 나의 것이다

우리들은 사랑해야 한다
늙는다는 것도
나의 인생의 삶인 것이다

세상을 이끄는,

우리는
어둠이 아니었다

너무 그렇게
미워하지 말고 살아가자
영혼은 떠나가지만
우리는 신의 사랑을 사랑해야 한다

그리움이 가슴을 헤치고

그리움이 가슴을 헤집고
긴 한숨으로 들어선다
바람이 일어나기 시작한다

날개 달린 듯
순식간에 가는 시간 붙잡지 못하고
떠나가는 그대
우리는 그렇게 그렇게
숨쉬고 있는가

천지에 아름다운 수국
여름을 뽐내듯 웃음 짓는데
떠나가는 그대는 손을 흔들고
우리는 그렇게 그렇게
숨쉬고 있는가

어둠이 찾아오는 그대
싸늘한 바람 소리에 서걱이는 가슴
우리는 그렇게 그렇게
숨쉬고 있는가

아! 서쪽 하늘 노을빛처럼
당연한 듯 떠나가는 세월
잡지 못하는 긴긴 슬픔이듯
우리는 숨쉬고 있는가

마음 가는 대로

마음이 가는 대로
이리저리 휘청이다가
다시 원점

가슴 깊이 숨어있는
그리움 꺼낸다
투정하는 내 마음
봄이 위로하지만
되돌아오는 슬픔은 어쩔 수 없다

파릇파릇 솟아나는
봄의 새싹처럼
그리움이 비집고 나오고

비 내린 뒤
스치듯 지나가는
인연들, 어찌해야 하나

2부

창가에 서서

창가에 서서

가을바람이 스미는 어둠
창가에 섰습니다

스쳐오는 바람이 싸늘하고
쓸쓸함에 갇혔습니다

지나가는 사람들은 바쁘게
움직이는데 나는 서럽습니다

예쁘게 핀 꽃 한 송이도
바람을 맞이합니다

반쪽의 사랑을 즐기는 우린
어둠 속에서 있습니다

그리움이 흘러흘러 강물처럼 불어납니다
창가에 서서 나는 그댈 불러봅니다

먹빛 슬픔이 바람처럼 다가왔습니다

하늘을 봐

드넓은 파란 하늘 바라봅니다
저 하늘에 날개가 있어서 훨훨
날아다니는 새였으면 좋겠습니다

푸른 나무와 이름 모를 꽃과 풀
옹기종기 여기저기에 생명들이
속삭이는 가을의 정다운 숲속 친구들

자연의 아름다움과 가을 속에서
숨 쉬고 있는 풀잎들
향기에 입맞춤도 해봅니다

하늘은 늘 내 친구가 되어주고
슬픔이 하늘을 바라보면
눈물이 이유 없이 흐를 때도
친구가 되어 위로해 줍니다

고추잠자리 맴맴 도는 가을 산엔
풀벌레 소리와 졸졸 흐르는 계곡물
소리도 인생의 아름다운 벗들입니다

내 아버지

내 아버지는
넥타이 매시고 강단에 서서
우리를 가르치시던 선생님이셨다
큰 글씨로 판서하시고
목소리도 우렁차시던 내 아버지

오토바이 뒤에 타고
아버지 허리춤 잡고
고개 푹 숙이고
학교에 다니던
나의 중학교 시절

수업을 들어오시던
역사 선생님은 내 아버지였다
그때는
왜 그리도 부끄러웠던지

내 나이 오십 줄에
이 세상의 모진 먼지바람 섞인 걸
먹고 마시고

울고 웃고
살아와 보니
오늘 새삼
내 아버지가 왜 그렇게
보고 싶은지

노을길

인생길 굽이굽이 헤쳐서
이만큼 걸어온 길
잿빛 노을빛 아련한 길

무지갯빛 잡으러 달려가다
커다란 바위에 부딪치고
인생의 가을 길을 만났다

서녘에 노을빛이 비취네
잿빛 노을에 발길 멈추고
슬픈 노을을 노래한다

그대 인생에 벽화처럼
떠도는 가을길 뒤안길에
그림을 그린다

반쪽의 달님

달님이 창가에 서서
반쪽을 찾고 있네

닻을 내리기 위해
쉬지 않고 반쪽을 찾고 있네
멈추지 못한 고요함

어두운 세상
밝게 하려면 반쪽이 필요하다고
맑은 호수에 빠진 반쪽을 건지려고
빠질 듯 말 듯
온 몸을 던지고 있네

닿을 듯 닿을 듯 잡히지 않는 반쪽

니들은 늙지 마라

어둠이 내린다
가슴 한구석이
바람이 든 듯 허전하다
노년의 흰 머릿결
부정한 허리를
지팡이와 벗 삼고
넘어가는 세월을 부대끼며
외쳐대는
노년의 목소리
니들은 늙지 마라

바람아

바람이 분다
넌 알고 있을 테지
사랑을 정복하는 힘을

들녘에서
바람에 흔들리는 너

세상만 바라보고 있구나
너는 알고 있을 테지
너를 바라보는 이유를

하늘아 구름아

하늘을 바라본다
두둥실 정처 없이 떠나는 구름
어디로 가는 걸까

나도 따라가고 싶은데
어두워져 오는 하늘 저쪽

눈물이 두두둑 두두둑
세상을 적신다

당신에게 가는
발걸음을 묶어둔다

유리창

유리창에 부딪히는 빗소리 따라
그림을 그린다
가슴이 와르르 타오르고 있다
창을 열고
가슴도 열어
그대에게 소리친다
메아리 되어 돌아오는 목소리
그대는 떠나고
그대를 잃고
빈 나뭇가지만 팔랑거린다
아프다, 사랑
얼굴을 유리창에 부빈다
차디찬 그대 가슴
지우고
또 지우고
그래도 자꾸
유리창에 어른거리는 그대

비바람이 흔들고 간

주룩주룩 내리는 빗소리에
붉은 백일홍이 고개 떨구네
비바람이 흔들고 간

꽃잎 사이,
당신 모습 보이네
저 바람이 그대라서
붉은 꽃잎 흔드는가

떠나간 그대인 것 같아
내 마음이 흔들리네

저 꽃잎이 나라면
저 바람 꼭 잡고 싶네
바람이 불고 떠난 자리에
그대 향기만 꽃으로 떨어졌네

세월 그대

창문 밖 빗소리 뚝뚝 떨어지니
가을을 알리는 바람이 득달같이 달려오네

한번도 건너뛰는 법 없이 달려오는 바람에게
네 안부를 묻네

쓸쓸한 시간이 그리움으로 남아
잃어버린 세월만큼 아프고

화단에 마지막 남은 백일홍도
가을비에 꽃잎 떨구고 있네

왜 그리 급하게 달리고 있는가
내 젊은 청춘 어디서 찾아야 하는가

어머니 1

어머니
부르기만 해도 눈물이나
낳아 기르시면서도
희생이라고 말하지 않고

슬플 때 기쁠 때도
늘 함께 해 주시는 당신
어머니

팔순이 넘으시고
늘 새벽기도 다니시며
오로지 자식들을 위한
기도 쉬지 않으시는
당신의 삶

이기는 것도
지는 것도
참고 인내하시고
쓴 것도 단것도 뱉어내지
않으시고 늘 한결같은

인생 살아오신 어머니

효도하지 못한 이 자식
늘 가슴 한편이 애려옵니다

바람에 날리는 것들

가을바람이 불어오네
살아도, 또 살아도
시간은
덧없이 가고
꽃잎, 바람에 날리고
또 그렇게 흩어진다

오늘도 바람은
가을 문 앞에
실오라기 하나 걸치지
않은 채 서 있네

만남과 헤어짐의 삶
흩날리는 저 이파리들처럼
피었다 지고 마는…
바닥으로 지는 저 꽃잎처럼

하늘을 바라본다

하늘을 바라본다
그 속에서 태양이 비추고
그 속에서 별들이 빛나고
그 안에는 달님이 있다

하늘에 속한 것으로
모든 화초와 나무와 꽃들이
숨을 쉬고 자라고 있다

내 속에 든 나를 바라본다
나의 영혼은 태양 아래 숨을 쉰다
내 영혼 깊은 곳
누군가 지키고 있다

내 안, 내 영혼
신의 정신처럼 빛난다

강물, 그 깊음 속에는

봄비 추적추적 내리는 사월
저 강물 깊은 속으로
자멸하는 빗방울
자취를 감추고
유유히 흐르는 강
저 깊은 강물 속에는
굴곡진 인생이 숨겨져 있음을 안다
모든 고통은 지나가고
내가 외로울 때 강물은
늘 나와 함께 한
숨이요
생명이었음을
강물, 저 깊음 속에는
내가 있음을

바람 부는 날

나뭇잎, 흔들리다가
떨어진다

가는 세월이 서럽다고 흔들리고
매달리고,
결국 떨어져 바닥으로 눕는다

억지로 되는 건 없다고
마지막을 돌아눕는다

9월의 밤

나지막한 선율이
그리워지는 구월의 밤

사랑받을 수 있는
청춘의 시간은 저만치 물러나고

추억은 소녀의 판타지 속에서
그리움으로 손을 흔든다

사랑을 피우는 가을 국화
가을은 사랑의 계절이라고…

가슴을 적시는 추억의 향수는
그리움으로 몸서리친다

3부
쉰아홉

가을이 깊어 가는 날

쉰 아홉에게 추석이란 없다
아이처럼
가끔 눈물을 흘릴 때가 있다
어릴 때는
화려한 어른을 꿈꾸지만
꿈은 꿈일 뿐

쉰아홉에 비로소
마음의 평화가 최고라는 걸 알았다

산다는 것은
혼자만의 싸움
나의 선택으로 후회는 없다

성공을 좇을 때는 철부지 삶
지금이 최고다
한재골을 찾아 만보 걷기를 한다

산에서 얻는 밤송이 줍는 재미가 쏠쏠하다
햇살이 눈부시다 싶더니

갑자기 비바람이 몰아친다

사는 것도 늘 이랬다
웃는 날 반 우는 날 반
그래도 이만큼 걸어왔으니
바람에 부러져 뒹구는 나뭇가지는 아니다

문득 거울 속에 나를 본다
언제 이렇게 나이만 먹었을까
엊그제 아이 낳아서 키운
새댁인 것 같은데…

어느새 내 아이도 지금
아이를 키우는 나이
아플세라
넘어질세라
다칠세라
부모의 마음을 알아간다
그렇게 그렇게 살아가는 것이
우리의 인생사

가을이 깊어가니
부모님 생각에 목이 메인다

여름

이글거리는 그대의 가슴
붉은 태양과 같은 열정으로
한 계절 살아내는

그대의 힘찬 심장
천천히
여름으로 내려앉는다

따가운 햇살 받으며
그대 푸른 잎사귀들
더 짙어지는 한낮

태양을 향한 그대의 숨

가을바람 소리

꽃잎 사이
청아한 기쁨을 올려본다

나뭇가지 사이
깊어지는 가을이 휘고 있다

가을바람 소리에
낙엽 붉어져

별빛 사이로
그대 소식 묻는다

가을

차가운 바람이
창문을 열고 들어온다

뜨거운 바람은 사라지고
어느덧 처서
가을, 손님으로 따라 들어온다

시간이 가고 오는 건
그리운 그대를 볼 수 있다는 것
그대,
가을 냄새 되어 돌아온다

그리움 하나
또 그리움 둘
끝내 품어내고

그리움이 추억되어
가을을 품어 주듯
바람 사이로
먹먹한 그리움 토해낸다

익어가는 가을

마당에 서 있는 감나무
붉게 익어가는 가을
찬바람으로 가슴 한편이 서럽더라

세월의 덧없음에 내 눈시울은 젖어 들고
뿌옇게 흐려진 세상
바람 소리도 서럽고
단풍으로 지는 잎도
세월의 뒤안길
쓸쓸하다

서녘 하늘 물들이는 해
나의 가을
그리고
그대 생각하는 나의 마음

가을 냄새

상큼하게 전해져 오는 가을 냄새
그대 가까이 있는 듯
그렇게 가을이 왔네

나뭇가지가 사랑을 속살거리는 오후

긴 폭염 견딘 길가의 가로수
부끄러운 듯 얼굴이 붉게 물들었네

나를 부르는 가을

가을이 나를 부른다
마음 둘 데 없는 나를

가을이 부른다
나를 재촉하는 가을

문밖에서
서성거리고 있다

가을은 나였다
서글픈 인생의 고개

그 고갯길 넘고 있는
내가 나를 부르고 있다

가을빛 1

가을빛이 아리따운 길에서
뒤를 돌아보니 눈물이 고이고

하늘은 드넓고 하염없이
푸르른데 빈 가슴에 얼룩이

서글픈 눈물이 가슴을 적신다
가을은 참 아프다

푸릇푸릇 날리던 나뭇잎도
울긋불긋 형형색색 흩날리고

인생의 가을도 익어가는가?
꽃피던 춘삼월에 그대 향기

그리워라
가을날의 숲속에 취한다

그림을 수놓듯
한땀 한땀 깊어가는 인생

가을빛 2

바람이 분다
부서지는 마음속으로
따가운 햇살도
바람도 친구
한들한들 머릿결
부는 바람에 춤추고
고추잠자리
가을 코스모스
곁에서 살포시
날개를 편다
쌍쌍이 날아다니는 녀석들
살포시 하나가 된다
분홍빛 빨간빛 물든
가을날 햇살은
바람이 되어
사랑을 날갯짓한다

겨울비 1

소리 없이 다가와 속삭여요
봄 나비 춤추는 듯
겨울비가 포근히 내려와요
너울너울 춤추며
내 머리에 내려앉은 너
포근한 가슴에 기대어서
내 입술에 입맞춤해요
그리움이 밀물처럼 밀려
소리 없이 다가와 속삭여요
너울너울 춤추며
나에게 내려앉아
입맞춤을 해요

겨울비 2

십이월 찬비 내리는 날
어둠을 뚫고 지나가는 자동차나
가로등 불빛이나 모두
외로워 보이네
너 없는 거리를
우산을 받쳐 들고 걸어 보네
겨울 잎 진 빈 나뭇가지 흔들리고
바람 소리
또 빗소리
후두둑 후두둑
삶의 발자취를 뒤돌아보라고
겨울비는 하염없이 내리네
쓸쓸함,
흩어지는 빗방울 사이로
외로움을 쏟아내고
기다려도 기다려도
겨울비는 그치지 않네
가슴 아린 십이월의 겨울밤
눈물 되어 내리네

동지섣달에 태어난
나처럼 눈물로 내리고 있네

그렇게 겨울은 가고

그렇게 시간은 겨울처럼 아프고

빨간 동백 꽃잎 사이에서
이슬처럼 꽃봉오리 맺고
찬바람에 꽃잎은 벌어지고

많이 아팠어
겨울에 기댄 동백의 시간
봄바람 소리에 겨울은 가고
가슴 저미는 동백의 기도

겨울, 떠나고
그래도 꽃은 피어있더군

눈 내리는 겨울

깊어가는 나의 창을 열고
눈 내리는 겨울을 바라본다
너와의 아름다운 추억도
이젠 빛이 바랜 아픔으로 잊혀진 때
돌아설 때 미소 짓던
너의 모습처럼 이 아침
아프다
겨울 아침 바람 소리
하얀 눈길을 걸었던
그래서 내게로 걸어올 것만 같았던
너를 생각한다
나 오늘 기도 해줄께
먼 훗날 내게 올 거라는 그 말
이제 그만 잊을게
널 사랑하기에
너의 행복을 그리며 기도할게
눈 내리는 이 아침 너를 생각한다

겨울이여 나의 고목이여

찌푸린 하늘
풀풀 날리며 어디론가 떠날 듯
날갯짓하는 눈

겨울 고목은
시린 눈과 맞서 싸우며
차디찬 아픔
견디고 서 있다

따뜻한 봄을 기다리고 있는
저 고목처럼
긴긴 세월 그렇게 기다려도
가는 시간을 붙잡아 봐도
너는 오지 않는다

그냥 서 있는 내 자화상 고목

바람, 아픔

고목도 때로는 어머니가 그리운 법이다
바람이 몹시 부는 날 보았다

고목이 울고 있는 것을
울다 쓰러져 모로 누워 있는 것을

그대 앙상한 몸부림
바람이 흔들고 간 자리
병든 가지에
긴긴 시간 눈물의 씨앗
하얗게 번지고

바람에 부딪히는 아픔, 그 눈물
갈색의 몸부림
어머니를 부르는 고목의 외침

그날 밤

그날 밤
사랑을 가슴 깊이 묻고
돌아섰다

한참을 가다
뒤를 돌아보니
아직도 서 있는 그대
사랑이 머물 듯하다가 떠나가고
떠나갈 듯하다가 멈추고

창가에 빗물로 떨어지는 눈물
온몸을 적신다
잡지 않으리라
바람만 스쳐도
혹시 그대일까
생각하겠지만
그립다는 말도
보고 싶다는 말도 하지 않으리라

4부

상사화

봄, 그대인가

유리창 안으로
기웃대는 삼월
꽃샘바람 거칠게 불어와
투덕거린다

봄에 피는 꽃들을
흔들어 깨우는 소리
얼어붙은 땅 밑
불어오는 바람 소리

흔들리지 않고서
꽃은 피지 않으리라는 것을
바람은 아는 것이다

아프지 않고서
꽃은 피지 않는다는 것을
얼어붙은 땅은 아는 것이다

격정 뒤 찾아오는 날숨으로
거친 들판 들썩거린다

움트는 새싹,
실크처럼 감겨오는 봄바람 소리,

은행잎 눈

우수수 떨어지는
노오란 은행잎
바람에 지고 있는 달빛

은행나무
바람 소리에 가을처럼 사라진
애처로운 샛노란 잎사귀

세월은 흘러가고
가을사랑도
은행잎처럼 우수수
떨어지고…

앙상한 가지만 남아 있을 너에게
스산한 바람만 빙빙 돈다

한 송이 꽃

따스한 봄님이 유리창 가에
해맑은 미소를 지어줍니다
또로롱 또로롱 연분홍 속살이
거친 바람을 타고서 손 내밀고
메말랐던 우리네 마음속에서
새 생명의 잉태를 보며 자연의
경이로움에 미소를 지어줍니다
따뜻한 햇살 속에서 메몰차게
불어 주는 그대 이름은 바람이여
그대가 찾아오지 않으면
꽃잎으로 피어날 수 없지만
아파하지 않을래요
고통 속에서도
언젠가는 꽃으로 피어납니다

흰 목련

훈훈한 봄 소리 한발짝 한발짝
사뿐사뿐 달리기하듯 다가와
하얀 목련꽃 위에 웃음 지어요

살결 에이는 거친 바람 속에서
고통과 산통을 겪어내고 비로소 핀
고상한 너의 자태

아름다워라
춘설과도 맞서고 살을 찢는듯한
바람을 싸워 이긴
그대 봄의 전령사

흰 눈꽃인가
하얀 드레스의 신부인가
아름답고 고귀한 그대
사랑스러워라

꽃잎 따서

사랑아 사랑아 어서 가거라
붉은 태양 솟아오르듯

치밀어 오르는 열정 하나
살살 문질러 상처 자욱 내

가슴에 피어오르는 꽃잎 사랑
사랑아 사랑아 어서 가거라

졸졸 흐르는 시냇물에
그대 사랑 뚝 따다가 한 잎 던지고

맑은 물 내음에 한 송이 꽃 둥둥
떠나보내네 사랑아~

사랑아 사랑아 어서 가거라
연잎에 흘린 사연 눈물 훔치고

보자기 싸듯 싸매어
아름다운 그대 보내드리리

이름 모를

구월의 무등에 청초하게
피어나는 들풀들

이름 모를 널 향하는 아름다움
따가운 햇살
방긋방긋 웃음 짓네
윙윙 벌하나 날아왔네

아~바람이여
아~코끝에 향기 머무는 꽃
날 위로하듯
구월의 보랏빛으로 핀
너를 사랑하리라

가냘프게 흔들리는 자태
뽐내듯 어여쁜 널
구월의 무등산 가녀린 들꽃

그대 꽃이여

방울방울 바람에
흔들리는 그대는 꽃
바람 소리에 피어
활짝 웃음 짓는
흔들흔들 가녀린
잎사귀 사이로
울고 있는 그대는 꽃
가을바람이 찾아와
흔들어 놓은 듯
사이사이로 맺힌
눈물방울
이슬은 서러워
고갯짓하는 풀잎
애처롭게 흔들리는데
가냘픈 웃음으로
흔들리며 피었는가
그대라는 미소 꽃

흩어지는 나뭇잎

살아있다는 건
걷고 있는 것이다

어두운 과녁 하나
내 심장을 흔들고

바람이 부는 건
숨쉬고 있는 것이다

살아있어서
비를 맞는 것이다

시월의 어두운 밤도
서러운 눈물을 흘린다

바람에 흩어지는 나뭇잎들이
서러워 흔들리고 있다

아픔은 나의 것이라

바람꽃

고목에 미소처럼
꽃비가 내린다

분홍빛 떨어지는 꽃잎은
희망의 메시지

그대 미소 속에 환한 잎은
눈부시게 살아있음을 알린다

그대도 지나온 인생의 아픈 마음
바람꽃처럼 날아가리라

한 마리의 새가 되어

새가 되고 싶었다
그리움으로
훨훨 날아가고 싶었다

그리움이 아픔이라면 그대에게
사랑하는 편지 들고
눈물의 새가 되어 날아가리라

인생 그리고 나무

나무가 흔들린다고
뿌리까지 흔들리는 것은 아니다
하지만
아픔을 참아내고 있다는 것은 확실하다
깊은 땅속으로 뿌리를 내린다는 것도
고통으로 변화를 만들어내듯이 벅찬 일
살다 보면 바람이 불 때도
비가 몰아칠 때도 있으니
참인생의 맛을 느낀다는 건
고통을 이겨냈다는 것
그대는 내게 있어 늘 잔잔한 바람
불어오듯 그렇게 변화를 위해
뛰어가듯 살아가는 나무와 벗인가
풀 한 포기 꽃 한 송이가 소중하듯
내게 있어 그대는 숨 쉬는 공기이다

상사화

너를 생각한다
풀잎에 맺힌 이슬을 보며

너를 생각한다
왕관 빛을 발하는 너를 바라본다

그리워하다 죽을 운명이여
만나지 못하는 너와 나

너를 생각하다 내 일생이
상사화가 되어 버렸다

노을

하루를 살아낸 거친 숨소리다

어두운 과녁 하나
가슴을 뚫고
바람끝에 선 널 본다

그림자처럼 웃는 너
나뭇가지 끝에 매달린 듯
지평선 너머로 넘어간다
숨이 턱, 걸린다

쉼 없이 달려온 하루
취한 것처럼 흔들린다

불콰해진 하늘,
잡을 수 없는 너

갈증은 갈증을 낳고…

야래향

베란다 창가
멀찍이 떨어져 있는 야래향
숨을 들이켤 때마다
내 몸 안으로 들어와
한 자리를 차지한다

바람이 구름을 몰고 오고
바람이 구름을 몰고 간다
햇살이 다시 세상을 덮고…

그렇게 시간은 가고
또 가고 그리고 오고
난 널 잊고 있는데…

그대 이름은 야래향
이파리도 꽃잎도
그대에 취해 보지만
여전히 혼자인 나는…

5부

바람 부는 소리

어느 오월

흔들리는 연잎에서
뽀얀 꽃이 얼굴을 내민다
바람에 부딪히는 연잎
그대 모습, 겹쳐 보인다

하루를 살기 위해 나는
무엇을 놓아야 하나

아픔도
살아있는 화살로
활시위를 당기고
한 줄기 희망도 없이
그렇게 살았다

기쁨을 준다는 게 무엇일까
소나무 아래 기생하는 송충이도
산길의 날다람쥐도
세상과 어우러져 살아가는 오월

의미 있는 오늘 하루이듯

낡은 산 흙더미 속에서도
햇살을 보이며 그렇게 살아갈 우리

따스한 봄빛이

따스한 봄빛에
길가에 서 있는 풀잎도
봄바람에 춤을 춘다

그대를 기다리고 있으면
입가에 저절로 미소가 머문다

날마다 성숙해지는 봄
깨달음과 지혜는 더해가고
뭉게뭉게 피어오르는 구름
흘러 흘러 여기까지 왔는데

겨울바람도 지나고
봄 햇살이
향긋한 꽃내음으로
세월을 묻고 있다

인생은,
인생은 그렇게
흐르는 황혼으로 기운다

봄빛 사랑

가슴 한켠에 그대 촛불을 켜고
바람 부는 가슴으로 흔들리듯, 그대

슬픈 꽃잎 하나
덩그러니 떨어진 사이에도 그대

눈물 속에
꽃 진자리에도 그대

환하게 미소 짓는 분홍빛 꽃 사이로
잊지 못한 그대

슬픈 미소처럼
잠시 머물다간 봄빛 사랑으로
남아 있네

발길은 그대 가슴으로만 향하고
그대 미소는 눈물을 머금고 피어있네

오월의 내 친구

뽀얗게 속살 드리우고
붉은 옷 입고 활짝 웃어주며
날 반기는 너

널 보니 오아시스를 만난 듯
한없이 사랑스럽다

가슴 속에 타는 그리움 품고서
방긋 미소 짓는 붉은 자태는
어찌 그리 예쁜지

봄바람 타고 날아오는 향기에
금방 취해 버리고 말지

붉은빛 화장을 하고
아름다운 향기를 가득히
품은 우아한 그대는
오월의 장미 한 송이

하얀 천사

하얀 눈길을 걸으며 아장아장
걷는 아기의 숨결
하늘에서 뿌리는 하얀 천사가
우리들의 까만 세상에
다가와서 속삭여요
아파하는 너에게
울고 있는 너에게
추위에 떨고 있는 우리에게
모르쇠로 입막음하는 그대에게
하얀 이불을 덮어주며
토닥토닥 위로를 건네주네
자연에서 왔던 그대여!
자연으로 돌아갈 그대여!
이 한겨울 서러워 말아라
하얀 눈이 내리는 날
하늘이 건네준 하얀 이불에
그대의 아픔도 씻어지리라
아장아장 걷는 아기의 숨결이
온 세상을 덮어주리라

칼바람이 불어오는 날

세상에서 볼 수 없던 사람들이
촛불을 들고 어두움을 밝힌다
세상이 어두워져 밤이 되었나
어둠 속에 헤매는 그대여
붉은 태양은 중천에 떠있노라
겨울 차디찬 바람 속에 모두
깊이 잠자는 그대여 깨어나라
일어나라
우리 모두 손 모아 촛불을 켠다
덩그러니 한 장 남아 있는 달력
세월의 무상함을 알리는데
보아라 눈을 부릅뜨고
끊임없이 달리는 세월아
촛불은 횃불로 타오르네
인생은 잠시 스쳐 지나는 길
먼지와 같은 인생이거늘
저 하늘로 먼지 되어 가는 날
우린 빈손으로 가지 않더냐

인생은 화가

흔들어 보아요 그대라는 나무를
잎도 지고 앙상한 가지만 쓸쓸한데

해가 가고 달도 가고 세월도 가
나 그대에게 기대고 싶어라

인생은 허무함을 그리는 화가일까
가도 가도 끝없는 공허한 인생살이

뒤를 돌아보아도 아픈 발자취여라
흔들흔들 흔들면 앙상한 가지뿐

눈이라도 쌓여서 그대 이불 되어라
앙상한 가지만 쓸쓸히 외로움을 토하네

흔들고 가는 세월아 잡을 수 없노라
그대를 사랑했던 아련함이었으리라

봄 햇살

옹알옹알 움트는 아기 새싹이
따스한 봄 햇살로 얼굴 내밀고
미소를 지어줍니다
이따금 불어 주는 봄바람은
살짝 잠든 새싹
깨우고 있네요
저 멀리 산 너머 아지랑이
아롱아롱 피어날 때 봄바람 소식
춤추듯 날아오르고
저 산 넘어
따스한 봄소식 전해 오네요
우리들의 얼어붙은 가슴을
불태우고
훨훨 날아올라 봄소식 알려줍니다

바람 부는 소리

싸늘한 가을바람이 불어
가로등 불빛이 흔들리네
어둠 사이로 다가서는
이름 모를 그리움과 서러움

하늘은 잿빛 어둠에 싸이고
흔들리는 불빛 사이로
아름다웠던 그대 그리고 나
안녕 슬픈 추억이여

가을 풀벌레 소리에 애달픈
바람 스치듯 지나간 그대여
주마등 불빛,
바람 부는 소리, 서글프다

귀뚜라미 우는 소리에
그대 마음 담아 안녕을

그렇게 그렇게

그렇게 세월은 간다
바람이 부는 것처럼
잡을 수 없게 달리고
보이지 않는 시간이 되어

그렇게 세월이 간다
잡히지 않는 공기처럼
잡을 수 없게 달리고
안아보지 못한 시간이 되어

그렇게 세월이 간다
구월도 내 손에 떠나버리고
안녕이란 말 한마디 못해
슬픈 바람이었나

그렇게 세월이 간다
차가운 바람 소리가 되어
주름진 모습 얼룩진 그대
그림자 되어 날아가리라

삼월의 봄바람

포근한 봄 햇살
삼월 지친 그댈
사랑하려고 왔노라

꽃 같은 그대 모습
따뜻한 그림으로 그린다

봄은 바람처럼
그대 가슴에 잠시 머물다 사라지지만
아픈 만큼 성장하기를
봄 햇살 마주 앉아서
꽃 피는 봄을 그린다

오늘 같은 날
봄바람 타고 날아오르리
나를 흔든 봄바람
가슴으로 안아 든다

6월의 바람

그대 등 뒤에
쓰라린 슬픔이
밀물처럼 다가온다
그대 입맞춤도
떨리는 심장 소리에
가슴을 적시듯 눈물 난다
감정의 깊은 골
겨울 찬 바람처럼 밀려온다
그대 심장에
지친 나를 맡기고
그대 사랑을 기다린다
6월 바람이 가져오는 향기에
그대를 호흡한다

누군가에게는 오늘이

부시시 잠에서 깨어나
오늘을 맞이하는 내게
선물로 주신 호흡
그분께 감사한다

오늘 하루가
얼마나 소중한 날인지
아침을 시작할 수 있음에
또한, 감사하고
마지막처럼 살리라
다짐을 한다

지극히 작은 마음으로
겸손하게
낮은 자세로
사랑하며 섬기면서
마지막이라는 간절함으로
최선을 다하리

담장 넝쿨 사이로

담장 넝쿨 사이로 빠알간 장미
소리 없이 피어나고

그리움의 향기
그리움 하나 피우고
눈물이 없는 새소리는
밤새 빗소리로 다가온다

애타는 심장 소리
우는 빗소리
창문 사이로 오는
그대 향한 애타는 연가

세월 앞에

백일홍 꽃잎이 바람에 흔들린다
꽃잎이 떨어지고
활짝 피었던 시간이 지나가고 있다

붓을 들고 그림을 그린다
지나온 세월 돌아보니
굴곡진 나의 발자국
꽃 같지 않은 인생이어도 좋다

구름에 달 가듯 흐르는 세월
그리고 홀로서기
세월 앞에 모두 내려놓는다

■해설

단절 너머 정점을 향해가는 상상의 힘

주 선 미
(시인·문학평론가)

 김미란의 시들은 늘 새로운 세계를 향해 걸어가는 움직임으로 가득 차 있다. 아니 실재하지 않는 길일지라도 상상의 공간을 통해 목적지를 향해 부단하게 걸어간다. 프로이트에 의하면 예술가는 비록 만족스럽지 못한 현실에 처해 있더라도, 좌절을 넘어 상상의 세계를 통해 목적지로 간다. 또한, 시인은 신경증 환자와는 달리 상상의 세계에서 현실로 돌아가는 방법을 알고 있으며, 따라서 현실 속에 단단한 기반을 두고 있다고 한다. 그렇다. 시인이 늘 상상의 세계에 살고 있는 것은 사실이지만 꿈에서 깨어나 물거품으로 화하는 허망이 아닌, 자신의 한계를 딛고 일어서는 정신적 모색을 지속한다. 또한, 그가 목표하는 삶의 정점과 현실 세계는 늘 불화의 관계인 것을 알기 때문에 욕망의 정점으로 가는 길을 느긋하게 가져간다.

나뭇잎으로 비가 떨어진다

비 사이로 불어오는
촉촉한 바람 또 바람
마주치는 시선이 지나간다

(중략)

버릴 수 있는 것
잊을 수 있다는 것

그대의 등, 빗속으로 가고 있다
-「빗속의 여인」 부분

추운 겨울
찬 바람이 부는 날에도

외로움이 슬픔으로
다가오는 날에도

상록수처럼
내 안에 늘 살아 움직이는 당신

(중략)

동백꽃으로
하얀 눈으로 피어나고

겨울바람 속에도
나 살아있음을

　　　　　　　－「나 살아있음을」 부분

　시인은 늘 반복되는 일상으로부터 탈피하고자 상상을 한다. 똑같은 일, 똑같은 사람, 똑같은 환경…. 늘 변화를 꿈꾸지만, 그것은 꿈일 뿐이다. 하고 싶은 것, 이루고 싶은 것은 많지만, 당장 해야 할 일들이 산재해 있어 그 자리를 벗어나지 못한 채 다람쥐 쳇바퀴를 돌듯 하고 있다. 이런 가운데서 시인이 할 수 있는 최선은 마음이라도 자리를 벗어나 보는 것이다.
　'비 사이로 불어오는/ 촉촉한 바람 또 바람/ 마주치는 시선이 지나'가고 있다. 비와 마주 보면서 비와 비의 틈으로 누군가와 시선이 마주친다. 그것은 슬픔이다. 그 슬픔은 곧 시인을 뒤로하고 떠나고 만다. 그 떠남은 새로운 만남을 위함이 아닌 영영 이별이다. 왜냐하면, 등을 보이고 가는 사람은 돌아오지 않기 때문이다. 시인은 모두 죽어가는 속에서 새로운 생명이 움트고 메마른 속에서 늘 푸른 것을 찾기도 한다. '상록수처럼/내 안에 늘 살아 움직이는 당신//(중략)// 동백꽃으로/ 하얀 눈으로 피어나고// 겨울바람 속에도/ 나 살아있'음을 알리고 싶은 것이다.

　시인은 이렇듯 겨울 한복판에 핀 동백을 보며 살아있음을 온몸으로 느낀다. 상상이 없는 삶은 얼마나 척박한 것일까. 필자 역시 하루에도 몇 번씩 상상에 빠지곤 한다. 그럼으로써 반복되는 일상을 극복하는 데 활력을 불어넣곤 한다. 그런 것들이 '상상하기'의 이점이다. 오늘의 엉뚱한 행위로써 행복한 미래를 꿈꿀 수 있기 때문이다. 그것에서 얻어지는 것은 또 하나 있다. 암담한 절벽 끝에 서 있다고 생각했을 때 그 절벽에서 떨어지지 않고 버틸 수 있는 것, 그 역시 상상력의 힘이다. 프랑스의 철학자 질 들뢰즈는 그가 발표한 『차이와 반복』이라는 저서에서 기존의 가치나 철학을 부정하고 새로운 것을 끊임없이 찾는 것을 노마드라는 '시각이 돌아다니는 세계'로 묘사하였다. 즉 김미란의 마음은 끝없이 움직인다. 상록수가 되었다가, 동백꽃이 되어 눈으로 피어났다가 겨울바람이 되기도 하니 천상 시인이다. 마음속은 늘 끊임없이 돌아다니며 정착하지 않는 삶을 택하고 있으니 말이다.

　시인은 광주에서 유치원을 오랫동안 꾸려가다가 지금은 일선에서 물러나 시를 쓰고 독서 지도를 하면서 지낸다. 시인은 잠시도 정신을 집중하지 않으면 안 되는 긴장된 삶을 살았다. 왜냐하면 아이들을 돌보고 가르치는 일이야말로 어떤 일보다 경계를 늦추지 말아야 할 일이고, 신경을 곧추세워야 하는 일이기 때문이다. 그런 것들에서 비롯되는 시인의 시세계는 항상 공상에 가깝다. 늘 계획에 맞게 짜여진 일상을 지내다 보니 그곳으로부터 탈피하고 싶은 욕망이 있었기 때문이었을 것이다. 보들레르는 '꿈꾸기를 원해야 한다. 그리고 꿈을 꿀 줄 알아야 한다' 라고 '흡연자'의 입을 빌려 자신의 목소리를 전달한다. 그도 그럴 것이 김미란 시인은 어려서부터 하고 싶은 게 많았다고 한다. 그래서 그의 시는 모두 꿈에서 가능한 일들이 일어난다. 아름다운 나무, 또는 헐벗은 나무, 나무들이 하나같이 견디는 삶을 살고, 우수에 찬 노랫소리가 끊이지 않는다. 또한, 멀리 가느라 걷고 또 걷는다. 눈앞의 현실은 아이들을 돌보는 일과 가정일, 또 직장 일을 동시에 하는 워킹맘으로 살아가야 하기 때문에 마음껏 움직일 수가 없기 때문이다.

> 놓아야 한다
> 이 미련을
> 간신히 잡고 있는 끈을,
> 놓아야 한다
>
> 버려야 한다
> 이 고집을
> 진작 버렸더라면,

참아야 한다
늘 각오하고 다짐했던 약속들
붙잡고 싶지만
참아야 한다

지긋지긋한 다짐
내 마음을 놓기로 했다
백지로 만들기로 했다

-「미련」 전문

  누구나 겪는 일일 것이다. 늘 다짐하고 또 그 다짐을 이루겠다는 약속을 한다. 하지만 다짐했던 대로 모두 맞아떨어지는 게 어디 있으랴. 몇 번 실패 끝에 시인도 터득한다. 살면서 시인은 수많은 사람을 만났을 것이다. 그렇지만 많은 사람이 끝까지 관계를 유지하면서 대화를 하거나 안부를 묻거나 하지는 않는다. '참아야 한다/ 늘 각오하고 다짐했던 약속들/ 붙잡고 싶지만/ 참아야 한다'. 이런 결심들은 인생을 살아가면서 수없이 결심하고 파기하는 수많은 행위 중 하나일 것이지만, '지긋지긋한 다짐/ 내 마음을 놓기로 했'으면서 아무 일도 아닌 듯 그저 참는다고 한다. '내려놓는다는 것'은 판단을 하지 않으며 그가 삶의 제 궤도를 찾을 때까지 느긋하게 기다려준다. 인생 변화의 주체가 내가 되려면 자신을 포기하는 게 필요하다. 내려놓기를 하려고 하는 시인에게 박수를 보낸다. 아마 내려놓음으로써 시인은 한 단계 뛰어넘는 성장을 했을 것이다.

> 길을 걷는데
> 어디선가 흘러나오는 노래
> 그 노래를 듣다가
> 한참을 멍하니 서 있었다
>
> (중략)
>
> 회색 구름 사이로
> 훨훨 날아가는 새 한 마리
> 아픈 노래 들었나 보다
> 사랑 찾아가는 날갯짓 보인다
>
> 온통 세상이
> 잿빛으로 변해간다
> 그 어둠에 묻혀 있는 나도
> 이 어둠을 벗어나
> 저 새처럼 날아가고 싶다
>
> 마음에 쌓인 것들
> 훌훌 털어버리고 싶다
> 사랑을 찾고 싶다
>
> ―「길을 걷다가」 부분

프로이트는 시인을 가리켜 '이상한 인간'이라고 한다. 시인이 이상한 인간이라는 말은 어린이처럼 놀이의 세계에 집착하고, 공상을 즐기는 어른이라는 뜻을 담고 있다. 즉 시인은 늘 한자리에 머물지 않고 부단히 새로운 세계를 모색하는 사람이라고 프로이트는 지적한다.

'어디선가 흘러나오는 노래/ 그 노래를 듣다가/ 한참을 멍하니 서 있었다' 여기서 문제가 되는 것은 프로이트가 말하는 놀이와 공상의 관계이다.(이승훈, 『현대시와 프로이트』, 고려원, 1992, p.90.) 프로이트에 의하면 놀이의 특성으로는 세계를 자기 마음에 드는 새로운 질서로 바꾸어 놓는 것, 그런 행동을 진지하게 여기고 있다는 것, 놀이의 반대말은 현실이라는 것이 지적된다. 좀 더 압축하면 욕망에 의한 세계 변형, 진지성, 반 현실성이다. 시인은 '회색 구름 사이로/ 훨훨 날아가는 새 한 마리/ 아픈 노래 들었나 보다/ 사랑 찾아가는 날갯짓 보인다// 온통 세상이/ 잿빛으로 변해간다/ 그 어둠에 묻혀 있는 나도/ 이 어둠을 벗어나/ 저 새처럼 날아가고 싶다' 라고 한다.

시인의 시세계는 현실과 동떨어진 곳에 존재한다. 늘 누군가를 그리고 무엇인가에 집착하고 자신을 자연 속에 끼워 넣는다. 실존하지 않는 인물, 즉 그는 현실로부터 벗어나고자 현실과 대립하는 새로운 질서의 세계를 빚는다. 프로이트에 따르면 시의 동기는 공상의 동기와 유사하며, 그것은 한마디로 현실에 대한 불만으로 요약된다. 그런 불만은 크게 인격을 높이는 동기, 에로틱한 동기 두 가지로 나누어지는데, 시인이 시를 쓰는 것은 현실과 대립하는 어떤 동기를 전제로 만족스럽지 않은 현실을 수정하여, 만족스러운 현실을 창조하려는 데 목적이 있을 것이다.

하루를 살아낸 거친 숨소리다

어두운 과녁 하나
가슴을 뚫고
바람 끝에 선 널 본다

그림자처럼 웃는 너
나뭇가지 끝에 매달린 듯
지평선 너머로 넘어간다
숨이 턱, 걸린다

쉼 없이 달려온 하루
취한 것처럼 흔들린다

불콰해진 하늘
잡을 수 없는 너

갈증은 갈증을 낳고…

-「노을」전문

담장 넝쿨 사이로 빠알간 장미

소리 없이 피어나고

　　그리움의 향기
　　그리움 하나 피어나고
　　눈물이 없는 새소리는
　　밤새 빗소리로 다가온다

　　애타는 심장 소리
　　우는 빗소리
　　창문 사이로 오는
　　그대 향한 애타는 연가
　　　　　　　　　 -「담장 넝쿨 사이로」 전문

　시인은 말한다. 서쪽으로 넘어가는 노을을 바라보면서 노을은 '하루를 살아낸 거친 숨소리'라고 한다. 숨 막히게 살아온 하루, 얼마나 바쁘게 살았으면 저녁이 되니 비로소 숨을 쉴 수 있을까. '어두운 과녁 하나/ 가슴 뚫고/ 바람 끝에선 널 본다'라고 말하는 것은 노을 속에 파묻혀 같이 넘어가는 동그란 해, 바쁘게 살수록 뿌듯해야 하는데 시인의 가슴은 숨이 턱 막힌 듯 답답함에도 불구하고 가슴이 뻥 뚫린 듯 헛헛하다. '불콰해진 하늘/ 잡을 수 없는 너// 갈증은 갈증을 낳고'에서 보듯 갈증이라는 것은 일반적인 생각으로 목마름이라고 할 수 있지만, 어떤 것에 대한 절실함이라고도 할 수 있다. 그런데 목마름과 절실함은 매우 다르게 다가온다. 절실하다는 것은 절박함에 이르렀다고도 볼 수 있기 때문이다. 무엇인지 모르겠지만 시인의 현재 처한 상황이 말할 수 없이 난감해 보인다.

 '담장 넝쿨 사이로 빠알간 장미/ 소리 없이 피어나고// 그리움의 향기/ 그리움 하나 피어나고/ 눈물이 없는 새소리는/ 밤새 빗소리로 다가온다'는 건 얼마나 절절한 사연인가. 앞에 든 시에서 절박하다는 심정이 뒤의 시에 모두 드러나 있다. 자신도 모르게 앓고 있는 사랑앓이는 참일까 아니면 거짓일까? 여기에서 참을 대표하는 이성은 사실, 모든 것을 판단하는 기준이다.(홍명희, 『상상력과 가스통 바슐라르』, 살림출판사, 2018, pp.6~7.) 이성과 감성의 이분법은 실제로는 이성과 나머지 것들, 즉 이성과 비이성의 양분이었다. 이성으로 설명할 수 없는 것들은 모두 비이성적인 것들, 즉 거짓으로 치부하면서 기피해야 할 것으로 여겨왔다.

 그러나 오늘날 이미지와 상상력의 위상은 많이 달라져 있다고 본다. 상상력이야말로 오히려 인간이 가지고 있는 가장 원초적 능력이자 소중한 능력이고, 이성의 발달조차도 사실은 상상력의 활동 위에서 이루어지는 것이라는 인식이 널리 퍼지고 있다. 도처에서 상상력의 소산인 창의성과 독창성의 중요성을 강조하고 있다. 이를 바탕으로 보면 시인은 아이들을 가르치면서 이미지와 상상력이 다른 사람보다 월등히 키워졌다고 보인다. 이렇게 시인은 매일매일의 삶 속에서 이미지를 호흡하며 살고 있다. 앞으로는 타고난 감성을 지닌 시인의 안목으로 지금까지의 감성을 자극하는 시들에서 좀 더 구체적인 하고 싶은 말을 마음껏 하는 시로 탈바꿈하는 시인의 시세계를 더 보여줬으면 하는 바람으로 글을 마친다.

바람 불고, 너 떠난 자리

찍은날 2022년 2월 15일
펴낸날 2022년 2월 20일
지은이 김미란
펴낸이 박몽구
펴낸곳 도서출판 시와문화
주 소 13955 경기 안양시 동안구 경수대로883번길 33,
        103동 204호(비산동, 꿈에그린아파트)
전 화 (031)452-4992
E-mail poetpak@naver.com
등록번호 제2007-000005호(2007년 2월 13일)

ISBN   978-89-94833-76-7(03810)

정 가 12,000원